F. Dorn
Illustrations : C. Wehrlin

FAIRE DURER L'AMOUR

Le cahier d'exercices qui vous veut du bien

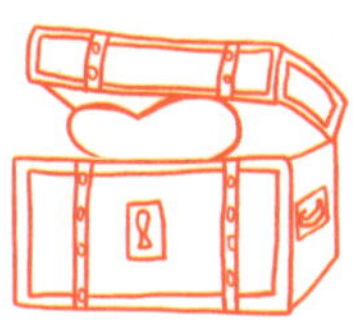

W0214616

esf EDITEUR

Dans la même collection

Apprivoiser son stress
Booster sa bonne humeur en riant davantage
Être un retraité heureux
Être zen
Être heureux
La méditation de pleine conscience
Méditer avec les enfants
Mieux se connaître
Parents zen et enfants épanouis
Vive les amoureux !

À paraître (liste non exhaustive) :

Bien vivre ses émotions
Cultiver l'amour de soi
Être bien dans sa peau
Réenchanter sa vie

Directeur : Pierre-Olivier Bonfillon
Directrice éditoriale : Françoise Kerlo
Responsable d'édition : Virginie Hamelin
Chef de fabrication : Flora Bellanger

Mise en page : Chloé Sadoun, polnor@wanadoo.fr
Illustrations : Cléo Wehrlin, cleow@noos.fr

© 2016 Éditions Prisma / Prisma Media
Tous droits réservés

ISBN : 978-2-8104-1592-2

LA MAGIE DE LA RENCONTRE A EU LIEU ET VOUS AVEZ ENVIE DE FAIRE DURER VOTRE BEL AMOUR.

MAIS À L'HEURE DU ZAPPING ET DU JETABLE, CONJUGUER LE VERBE « AIMER » AU FUTUR RELÈVE D'UN AUDACIEUX DÉFI...

CE CAHIER VOUS PROPOSE :

♡ un cheminement pour mieux vous comprendre, des pistes à explorer pour communiquer positivement, réussir à traverser les turbulences de la vie et entretenir la flamme ;

♡ une parenthèse complice pour inventer votre couple avec bonheur jour après jour.

PRÊTS À RELEVER LE DÉFI ?

Embarquement immédiat pour le pays de l'amour !

« L'amour n'est pas seulement un sentiment, il est un art aussi. » Honoré de Balzac

AU PAYS DE L'AMOUR

LA VIE N'EST PAS UN LONG FLEUVE TRANQUILLE... L'AMOUR NON PLUS !

Vous avez embarqué pour une croisière au pays de l'amour.
Au fil de la rivière, vous allez tester votre couple,
découvrir ses richesses et ses zones de fragilité.

À chaque escale, des clés vous attendent.
Certaines sont explicitées, d'autres dissimulées dans les textes,
les dessins ou dans vos réponses.

Gardez-les précieusement pour ouvrir le coffre au trésor
qui vous attend à la fin de ce cahier...

BON VOYAGE !

« Partons, dans un baiser, pour un monde inconnu. »

Alfred de Musset

IL ÉTAIT UNE FOIS...

REMONTEZ LE TEMPS ET ÉGRENEZ LES SOUVENIRS DE VOTRE HISTOIRE D'AMOUR : « JE ME SOUVIENS DE... » ÉCRIVEZ ENSEMBLE LE RÉCIT FONDATEUR DE VOTRE COUPLE ET SAVOUREZ À NOUVEAU LE DÉLICIEUX COCKTAIL DE VOS PREMIERS ÉMOIS !

Notre rencontre :

Notre premier baiser :

La première déclaration d'amour :

Notre première fois :

NOUS DEUX

Ce que j'ai aimé chez toi :

elle ______________________ lui ______________________

Mon premier grand bonheur avec toi :

elle ______________________ lui ______________________

Notre premier engagement important :

elle ______________________ lui ______________________

Nos plus belles réussites :

elle ______________________ lui ______________________

Évoquez souvent
vos plus beaux souvenirs
pour renforcer
votre complicité.

« Chaque pomme est une fleur qui a connu l'amour. »

Félix Leclerc

elle lui

Ce test en duo va vous permettre d'échanger sur les aspects fondamentaux de votre vie à deux.

RÉPONDEZ À TOUR DE RÔLE, SANS DÉVOILER VOS RÉPONSES À VOTRE PARTENAIRE.

1. Vous estimez que le dialogue entre vous est...

a. ... bon. On partage joies, peines, sentiments.
b. ... assez bon. On échange sur des sujets communs.
c. ... moyen. On parle surtout des autres.
d. ... mauvais. On parle peu.

2. Exprimez-vous facilement vos désirs et vos envies ?

a. Oui. J'aime communiquer ce que je ressens et ce dont j'ai envie.
b. Je m'exprime seulement de temps en temps.
c. Pas besoin, il (elle) va sûrement deviner !
d. Non. Je n'aime pas en parler.

3. Ce matin, votre partenaire a l'air grognon.

a. Vous lui demandez ce qui se passe.
b. Vous lui demandez s'il (elle) a envie de parler.
c. Vous lui reprochez sa mauvaise humeur.
d. Vous parlez de la pluie et du beau temps.

4. Quand un problème se pose dans votre vie.

a. Vous en parlez d'abord à votre partenaire.
b. Vous attendez que ça passe et vous en parlez surtout à vos amis.
c. Vous attendez que l'autre devine que quelque chose ne va pas.
d. Vous ne dites rien, vous pensez : « Il (elle) ne m'écoute pas ! »

5. Qu'est-ce qui booste votre vie sexuelle ?

a. Qu'il (elle) ose demander.
b. Un fantasme enfin assouvi.
c. La variété.
d. L'utilisation de gadgets.

COMMENT VOTRE COUPLE VA-T-IL ?

elle lui

6. Juste avant que l'orage n'éclate...
a. Vous rentrez dans votre coquille.
b. Vous respirez un bon coup et vous vous mettez à l'écoute.
c. Vous réfléchissez à ce que vous allez lui dire.
d. Vous savez que vous avez raison et ne ferez aucune concession.

7. Quand votre partenaire a un problème.
a. Vous l'écoutez avec empathie sans l'interrompre.
b. Vous lui posez beaucoup de questions même si ça l'agace.
c. Vous lui proposez des solutions, même si ce n'est pas sa demande.
d. Vous fuyez la maison et sortez avec des amis.

8. Vous avez un désir sexuel intense mais pas votre partenaire.
a. Vous pensez que l'autre doit faire un effort et que le désir viendra ensuite.
b. Vous attendez : le désir, c'est fluctuant.
c. C'est un cas de figure impossible. C'est le désir de l'autre qui détermine le vôtre.
d. « Encore ! » Vous lui faites des reproches.

elle lui

9. Lors d'un conflit dans votre couple, comment réagissez-vous ?

a. Vous ruminez et restez silencieux(se).
b. Vous menacez de le (la) quitter.
c. Vous avez peur qu'il (elle) vous quitte.
d. Vous dialoguez et analysez ce qui se passe.

10. Vos projets communs à long terme.

a. Vous en parlez régulièrement et en faites souvent de nouveaux.
b. Les projets de l'autre sont vos projets communs.
c. Vous avez vos projets et il (elle) a les siens. Tant mieux s'ils coïncident !
d. Pas le temps de rêver !

11. Vous avez un problème d'absence de désir.

a. C'est le stress, ça ne va pas durer !
b. Vous cherchez à satisfaire les désirs de votre chéri(e).
c. Vous envisagez de suivre une thérapie de couple.
d. Vous refusez ses avances.

12. Votre partenaire se met à pleurer.

a. Vous êtes mal à l'aise et parlez d'autre chose.
b. Vous le (la) prenez dans vos bras.
c. Vous lui prenez la main et lui demandez ce qui se passe.
d. Vous faites la tête ou lui reprochez sa « faiblesse ».

REGARDEZ MAINTENANT VOS RÉSULTATS. PRENEZ UN TEMPS POUR DIALOGUER SUR VOS ZONES D'ACCORD ET SUR VOS DIVERGENCES...

Thèmes abordés	Questions	Constats
Le sexe et désir	2-5-8-11-13	
Se parler et exprimer son ressenti	1-2-3-4-7-9-10-12	
Les conflits	3-6-8-9	

Quels domaines allez-vous particulièrement explorer dans ce cahier ?

La clé centrale
dans
l'art de vivre à deux :
communiquer
pour être heureux et prévenir
les conflits.

« Grandir, c'est trouver le bon équilibre entre responsabilité et envie. » Dagur Kari

PORTRAIT CHINOIS

Amusez-vous à imaginer votre couple de façon métaphorique.
POSEZ CETTE QUESTION À VOIX HAUTE : *« SI NOTRE COUPLE ÉTAIT UN ANIMAL, CE SERAIT... UNE FLEUR, CE SERAIT... »*, ETC.
Notez chacun vos réponses sur une feuille. À la fin de l'exercice, remplissez ce tableau.

Si notre couple était... ce serait...	ELLE	LUI
Un animal		
Une fleur		
Un objet		
Un plat		
Une chanson		
Une couleur		
Un film		
Un pays ou une région		
Un livre		
Un personnage célèbre		
Un arbre		
Une série télévisée		
Une saison		

Échangez sur vos représentations respectives.

Quel(s) message(s) retenez-vous ?

De temps en temps,
prenez du recul sur votre relation
en jouant et en faisant appel
à votre **imagination**.

« Offre-moi ton regard pour que je voie mieux les choses ! »

Henri Thomas

LA SPIRALE DE CROISSANCE DE L'AMOUR

La relation amoureuse
est un processus en mouvement
qui passe par différentes étapes.
Selon son histoire, le couple
s'attardera plus ou moins
dans l'une d'elles ou revisitera
plusieurs fois ce parcours.

« Le paradoxe de l'amour réside en ce que deux êtres

LA FUSION OU LA SYMBIOSE (1 + 1 = 1)

Dans la passion des débuts, chacun idéalise la relation et a l'envie de ne faire qu'un avec l'autre. L'éloignement est un déchirement et les expériences partagées sont l'occasion de découvrir de nouveaux points communs.

LA DIFFÉRENCIATION (1 + 1 = 2)

Le couple se confronte à la réalité et les partenaires découvrent peu à peu leurs différences. Chacun réaffirme sa propre identité, en affichant ses goûts, ses besoins et ses objectifs. Vient l'envie d'explorer seul d'autres activités, loisirs ou relations pour satisfaire ses besoins personnels.

LE RAPPROCHEMENT (1 + 1 = 3)

Cette phase permet de construire sur les attentes réciproques, mais aussi communes : toi, moi, le couple. L'élaboration de projets favorise la dynamique et la durabilité de la relation.
Cette étape de coopération permet à chacun d'exprimer ses peurs, son insécurité et ses besoins. L'autonomie de l'un ne remet pas en question l'équilibre de l'autre.

SITUEZ VOTRE ÉTAPE ACTUELLE SUR CETTE SPIRALE.

Revisitez ensemble votre cheminement.
Quelles turbulences avez-vous traversées ?

____

____

Quelles décisions ont permis à votre couple de se transformer et de s'épanouir ?

____

____

deviennent un et cependant restent deux. » Erich Fromm

MOI… TOI… NOUS

SI VOUS AVEZ ENVIE D'ALLER VERS L'ACCEPTATION DE VOS DIFFÉRENCES, FAITES ENSEMBLE CET EXERCICE :

• **Isolez-vous et dessinez chacun un cercle sur une feuille.**
Notez à l'intérieur vos besoins essentiels, vos attentes par rapport à l'autre et ce que vous souhaitez lui demander.

• **Puis partagez à tour de rôle ce que vous avez noté.**
Par exemple : *« Mon besoin essentiel, c'est de me sentir respecté(e) dans mes choix. Mon attente envers toi, c'est que tu m'encourages dans mon projet professionnel. Ma demande, c'est que tu prennes en charge les devoirs des enfants le soir. »*

• **Chaque partenaire écoute l'autre sans l'interrompre,**
en étant attentif à ce qui se passe pour lui.

• **Communiquez ensuite votre ressenti :**
« Ce qui m'a touché(e), ému(e), peiné(e), étonné(e)… J'ai l'impression de… Peux-tu me préciser… ? »

FAITES DE VOS DIFFÉRENCES UNE RICHESSE À DÉCOUVRIR.

• **Il vous reste à satisfaire les besoins de chacun dans un cercle d'alliance.** Notez à l'intersection les besoins et attentes communs.

• **Inscrivez à l'extérieur les différences qui ont émergé durant l'échange** et qui font partie de la singularité de chacun.

AFFICHEZ VOTRE DESSIN ET CONTINUEZ À ÉCHANGER CAR VOS CERCLES VONT ÉVOLUER... COMME VOUS !

« Il faut se ressembler un peu pour se comprendre, mais il faut être différent pour s'aimer. » Paul Géraldy

LE CARRÉ MAGIQUE DU COUPLE

CES DEUX PERSONNES DISTINCTES, EMBARQUÉES POUR UN MÊME VOYAGE, VONT AVOIR À APPLIQUER LES RÈGLES DU « CARRÉ MAGIQUE » POUR QUE LA CROISIÈRE SOIT BELLE.

Quatre espaces sont à occuper : l'espace du donner et celui du recevoir, l'espace de la demande et celui du refus.

Pour entretenir l'amour et soigner la relation, chacun doit savoir **DONNER** et **RECEVOIR** au bon moment, **DEMANDER** et **REFUSER** à bon escient, dans une connexion cœur à cœur...

Repensez à votre semaine. Comment vous êtes-vous situé(e) dans ce « carré magique » ?
Avez-vous su donner ? recevoir ? demander ? refuser ?
Mais aussi vous donner en prenant soin de vos besoins ?

« Ce n'est pas d'un tête-à-tête ni d'un corps à corps, c'est d'un

Coloriez les zones que vous pensez avoir occupées.
Votre carré est-il bien équilibré ou avez-vous tendance à investir une zone plus que les autres ?
Quels ajustements pouvez-vous apporter pour respecter l'autre, mais aussi vous-même ?

cœur à cœur que nous avons besoin. » Pierre Teilhard de Chardin

TU ES MA PERLE RARE

Si à trop fréquenter votre partenaire, vous ne vous émerveillez plus de ses mérites, il est temps de refaire un petit inventaire positif !

Notez ce qui le rend cher à votre cœur : qualités, atouts physiques, manière d'être et de communiquer. Invitez-le à faire de même pour vous...

CE QUE J'AIME CHEZ TOI, C'EST...

elle *lui*

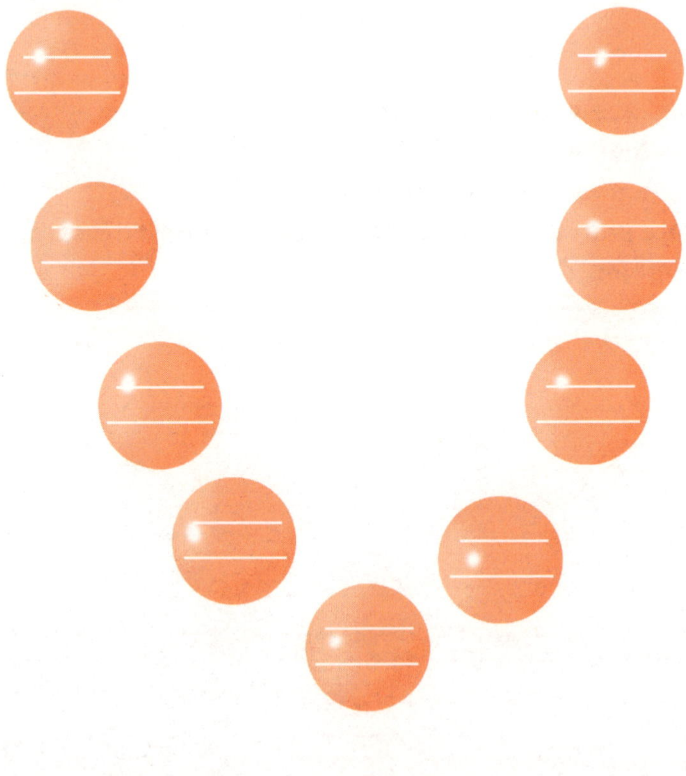

Il vous reste à découvrir ce qui relie ces perles entre elles et les transforme en bijou. Échangez sur ce qui vous a permis de tisser ce lien unique et d'être heureux ensemble.

Ce qui a donné force et cohésion à notre relation, c'est...

Des valeurs communes, des rituels complices, élever les enfants, restaurer la maison, une sexualité vivante, les épreuves traversées

Notre fil d'amour

« Ce ne sont pas les perles qui font le collier, c'est le fil. »

Gustave Flaubert

LES PIÈGES DE LA VIE

Des dangers attendent ces aventuriers de l'amour.
QUELQUES RÉBUS ANNONCENT LE PROGRAMME...

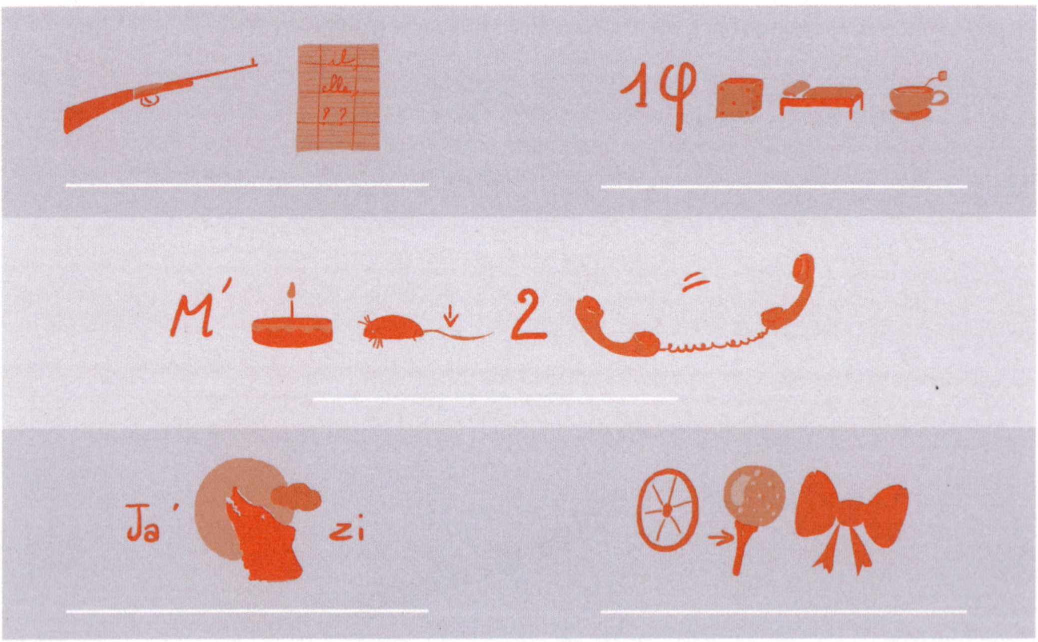

Fusion, Infidélité, Manque de communication, Jalousie, Routine

À DEUX

À VOUS D'IMAGINER UN RÉBUS POUR UN AUTRE PIÈGE IDENTIFIÉ PAR VOTRE DUO AU LONG COURS.

*« Le verbe aimer est difficile à conjuguer :
son passé n'est pas simple, son présent n'est qu'indicatif,
et son futur est toujours conditionnel. »* **Jean Cocteau**

LA JALOUSIE ET VOUS

ÊTES-VOUS UN PEU, BEAUCOUP OU PAS DU TOUT JALOUX(SE) ? FAITES CE TEST, PUIS DEMANDEZ CONFIRMATION À VOTRE PARTENAIRE !

Son ex vient de laisser un message sur le répondeur de la maison :

- Vous l'effacez, ni vu ni connu.
- Vous lui faites écouter le message et lui demandez des explications.
- Vous lui proposez d'inviter son ex à dîner prochainement.

Vous êtes à une soirée et il (elle) semble attiré(e) par quelqu'un :

- Vous le (la) laissez faire et vous vivez votre vie de votre côté.
- Vous observez pour voir jusqu'où ça va.
- Vous lui faites une scène.

Il (elle) se met sur son 31 pour aller travailler :

- Vous l'interrogez sur les raisons de son élégance et lui passez un coup de fil dans la matinée.
- Vous renversez « malencontreusement » votre café sur sa tenue.
- Vous le (la) trouvez superbe et lui faites des compliments.

Dans le train, il (elle) se fait draguer ouvertement par son voisin ou sa voisine :

- Vous profitez d'un tunnel pour décocher un coup de pied à l'importun.
- Vous échangez votre place avec votre conjoint.
- Cela vous excite de voir que votre partenaire plaît toujours autant.

Vous regardez la télé et il (elle) est subjugué(e) par sa star préférée :

- Vous zappez dès qu'elle (il) apparaît à l'écran.
- Vous lui faites remarquer ses lèvres de mérou / son sourire botoxé.
- Cela vous amuse et vous lui rendez la pareille en admirant les abdos de Brad / les jambes d'Angelina.

Vous tombez par hasard sur les codes d'accès de sa messagerie :

- Vous vous ruez sur l'ordinateur et regardez ses mails à l'affût d'un envoi suspect.
- Vous les notez dans votre agenda, au cas où.
- Vous n'y prêtez pas attention.

VOUS AVEZ UNE MAJORITÉ DE : vous faites confiance à 100 % à l'amour de votre vie et voyez le bon côté de chaque situation.
VOUS AVEZ UNE MAJORITÉ DE : pour vous, la jalousie est une preuve d'amour. Vous savez faire confiance mais vous gardez un œil ouvert. Sait-on jamais !
VOUS AVEZ UNE MAJORITÉ DE : vous êtes excessivement jaloux(se) et n'hésitez pas à le manifester violemment. Vous en souffrez et cela empoisonne votre vie de couple. Vite, tournez la page pour savoir quoi faire pour vivre mieux !

JALOUX(SE)...

Le Petit Larousse définit ainsi la jalousie amoureuse :
« Un sentiment d'inquiétude douloureuse chez quelqu'un qui éprouve un désir de possession exclusive envers la personne aimée et qui craint son éventuelle infidélité. »

Le jaloux **RESSENT** un mélange de **PEUR** et de **COLÈRE** : peur de perdre l'être aimé, colère de le voir s'intéresser à d'autres que soi. Derrière la jalousie se cache un véritable désir de **POSSÉDER L'AUTRE** et de **LE CONTRÔLER**.

Pour sortir du **cercle infernal** de la **jalousie**, apprenez à avoir **confiance** en vous, pour avoir confiance en l'autre.

« - Vous aimez les femmes jalouses ou les autres ?

MAIS JE ME SOIGNE !

Astuces anti-jalousie
Classez ces propositions : 1 : la plus importante, 6 : la moins importante.
Puis ajoutez votre « truc » à vous !

- COMMUNIQUEZ, partagez vos doutes, vos craintes et votre ressenti.

- LISTEZ LES SITUATIONS qui déclenchent chez vous la jalousie.
Puis **inversez les rôles** : « Mon partenaire aurait-il raison d'être jaloux si je parlais à quelqu'un de l'autre sexe ? »
Apprenez ainsi à **relativiser** et à **dédramatiser** !

- ACCORDEZ-VOUS DU TEMPS chacun de votre côté. Apprenez à **vivre pour vous** et savourez le plaisir de satisfaire vos besoins personnels.

- FAITES L'INVENTAIRE de vos qualités, de vos atouts physiques et quand vous sentez monter la jalousie, relisez ces astuces !

- AIMEZ-VOUS, devenez votre meilleur(e) ami(e) et prenez confiance en vous.

- Si la jalousie engendre trop de souffrance, DEMANDEZ DE L'AIDE et entamez une thérapie pour comprendre ce qui se cache derrière ces pensées obsédantes.

VOTRE ASTUCE :

– Quelles autres ? » *Pierre Doris*

DES CRISES À TRAVERSER

Des crises vont aussi jalonner ce voyage. Celles liées à des étapes, à des épreuves imprévues (maladie, chômage...) ou à des choix de vie.

LA COHABITATION ou la confrontation aux différences de goûts, de besoins. C'est aussi le partage du territoire, des tâches, des décisions et de l'argent.

L'ARRIVÉE D'UN ENFANT ou le baby clash. C'est la perte de l'exclusivité de l'amour, la découverte des responsabilités et du rôle de parents.

LE CAP DES 7 ANS ou le poids de la routine. Le couple est installé, se sent en sécurité, mais parfois surgit l'ennui.

LE DÉPART DES ENFANTS ou le syndrome du nid vide. Quels vont être nos nouveaux objectifs de vie ?

LA RETRAITE ou le partage du quotidien 24 heures sur 24. Les partenaires se retrouvent en tête à tête, la structuration du quotidien est bouleversée.

Une nouvelle tranche de vie est à inventer... Si chaque crise est porteuse de remise en cause, voire de souffrance, elle est aussi une **opportunité** de maturation, l'occasion de faire un bilan, de se redéfinir et de **redistribuer les cartes.**

Traversez-vous actuellement une crise ? Si oui, laquelle ? Quel(s) remède(s) envisagez-vous ?

◆ De nouveaux projets ◆ De l'imprévu
◆ Du mystère ◆ De l'air ◆ S'engager plus
◆ Parler ◆ Dire non ◆ Demander ◆ Du sexe
◆ Exprimer ses émotions ◆ Des mots d'amour ◆ Rire
◆ Partager les tâches ◆ Du temps ensemble ◆ Sortir avec des amis
◆ Un territoire à soi ◆ Une escapade amoureuse ◆ Séduire
◆ De la reconnaissance ◆ Suivre une thérapie
◆ Accepter les différences ◆ Préciser les règles du jeu

À PROPOS... ET SI VOUS DEMANDIEZ À VOTRE PARTENAIRE CE DONT VOUS AVEZ JUSTEMENT BESOIN EN CE MOMENT ?

elle

____

____

____

lui

____

____

____

« Ce que la chenille appelle la fin du monde, le maître l'appelle un papillon. » Richard Bach

L'INFIDÉLITÉ

Vous venez de découvrir le coup de canif dans le contrat de votre partenaire , vous vous sentez triste, en colère, trahi(e)...
QUELLE CARTE AVEZ-VOUS SPONTANÉMENT ENVIE DE CHOISIR ?

Cette infidélité est révélatrice d'insatisfaction, de manque ou de besoins nouveaux qu'il s'agit d'entendre avant de décider « quoi faire ».
Répondez à la question : *« Pourquoi cette infidélité ? »*
- La communication s'est appauvrie entre nous.
- Notre sexualité a perdu le désir en chemin.
- Il (elle) a besoin de remettre du piment dans sa vie.
- Il (elle) cherche à se rassurer sur son pouvoir de séduction.
- Il (elle) veut éveiller ma jalousie.
-

Ce que je comprends :

____

____

JEU DANGEREUX

SURMONTER L'INFIDÉLITÉ ET RETISSER LA RELATION DE CONFIANCE.

Vous avez décidé de donner une seconde chance à votre couple.
Choisissez votre carte suivante :

Pour continuer la partie, répondez à ces questions :

« Être fidèle à qui ? à l'autre ou à moi-même ? Comment faire rimer fidélité et liberté ? À quelle part de moi dois-je renoncer pour faire exister ce nous ? »

FAITES LA CHASSE

À votre stylo pour pointer les parasites de l'amour dans ces situations quotidiennes ! Cherchez ensemble les antidotes.

« S'aimer, c'est lutter constamment contre des milliers de forces cachées qui viennent de vous ou du monde. »

Jean Anouilh

AUX TUE-L'AMOUR

Quels sont les « tue-l'amour » dans votre couple ?

Quels changements pouvez-vous mettre en place ?

OSEZ

Le secret biologique d'une histoire d'amour qui dure :
le maintien d'une relation sexuelle épanouie !

Comme personne ne sait mieux que vous ce qui est bon pour vous, proposez le programme ! **VOICI QUELQUES EXEMPLES, À VOUS DE COMPLÉTER...**

	elle	*lui*
LIEU FAVORI Lit Canapé Tapis Baignoire Jardin Piscine Partout	______	______
MOMENT PRIVILÉGIÉ Matin Après déjeuner De 5 à 7 Soir Nuit Tout le temps	______	______

LA COMMUNICATION SEXUELLE

	elle	*lui*
POSITION PRÉFÉRÉE Petite cuillère Levrette Missionnaire 69 Équerre Toutes		
LUMIÈRE Tamisée Bougies Jour Obscurité Projecteur		
PRÉLIMINAIRES Douche à deux Baisers Massages Caresses Masturbation		
ZONES ÉROGÈNES		
ZONES INTERDITES		
MOTS DU SEXE Doux Crus Silence		
AUXILIAIRES DU SEXE Canard vibrant Boules de geisha Menottes Chocolat Champagne Tes mains		

Fantasmer fait partie des « jardins secrets ».
Mais pour booster le désir, vous pouvez choisir de raconter vos fantasmes ordinaires… et extraordinaires !

Ces représentations imaginaires alimentent le désir et intensifient le plaisir dans une escapade entre rêve et réalité.

AMUSEZ-VOUS À RELIER CERTAINS FANTASMES À LEUR NOM SAVANT.

Si votre partenaire est particulièrement excité(e) :

À l'idée de faire l'amour dans un lieu public. 1

À l'idée de faire l'amour dans un train. 2

Par le pincement des tétons. 3

Par l'usage du miel, du Nutella® dans vos ébats. 4

À l'idée de vous voir faire l'amour avec d'autres partenaires. 5

Par l'envie de jouer au cambrioleur surprenant une belle endormie. 6

Par le désir de recevoir une fessée ou une tétée comme un petit enfant. 7

Par l'amour avec les extraterrestres. 8

« Les fantasmes sont les caresses de l'esprit. » Dr Sylvain Mimoun

JOUEZ AVEC LES FANTASMES

Il (elle) est alors...

- (a) Harpaxophile
- (b) Exobiophile
- (c) Sidérodromophile
- (d) Candauliste
- (e) Sitophile
- (f) Autonepiophile
- (g) Agoraphile
- (h) Bouboupiste

1-g, 2-c, 3-h, 4-e, 5-d, 6-a, 7-f, 8-b

« Le cerveau ? Mon deuxième organe préféré. » **Woody Allen**

IDÉES COQUINES POUR

Testez ce cocktail explosif :
surprise, mystère, nouveauté, attente
et plaisir anticipé...

(R)ALLUMER LE DÉSIR

POUR SURPRENDRE L'AUTRE ET ATTISER LA FLAMME, SOYEZ CRÉATIF(VE) !

Parsemez la journée de **PRÉLIMINAIRES** : baisers, caresses, massages, slow langoureux, passer l'aspirateur en tenue sexy, regarder un DVD érotique... Tout est bon pour faire monter le désir !

Ouvrez une **BOÎTE COQUINE** : notez-y chacun vos désirs et fantasmes. Puis improvisez une soirée petits papiers en piochant quelques idées dans la boîte.

Réveillez **L'ENFANT QUI EST EN VOUS** : chatouilles, fous rires, blagues, massage au miel, soirée déguisée... Lâchez-vous !

Détendez-vous avec une **SOIRÉE SALLE DE BAINS** : faites couler un bain, allumez des bougies et laissez un petit mot suggérant à votre amour de se dévêtir et de suivre le chemin de pétales de roses... Attendez-le dans le bain, un verre de champagne à la main.

Jouez la **CARTE DE L'EXTRÊME** ! Renouez avec les rendez-vous cachés et les liaisons dangereuses... Surprenez-le ! Strip-tease hot, sexe à la va-vite sur la machine à laver ou dans la voiture, balade coquine dans la nuit pour faire monter l'adrénaline...

Organisez un **DÎNER APHRODISIAQUE** à la Casanova : huîtres et fruits de mer, chocolat sous toutes ses formes, le tout arrosé de champagne. À vous d'inventer la suite !

« La moindre chose contient un peu d'inconnu. Trouvons-le. »

Guy de Maupassant

Pour faire bondir l'amour, rien de tel qu'une petite touche de piment, d'humour ou de romantisme. À petites attentions... grands effets !

CHOISISSEZ, SELON VOS GOÛTS, « VOS BONS POUR... » :

Un chapelet de mots doux de mots « hot », de Post-it enflammés

Une soirée Kâmasûtra gags et blagues, des mille et une nuits

Un week-end sans quitter le lit, dans une auberge de charme, foie gras dans le Gers

Action ! le coup de la panne, une demande en (re)mariage, une nuit blanche pour chasser les idées noires

Une surprise : une sérénade sous la fenêtre, des galipettes dans la voiture, t'écrire un poème

« BONS-DIRE » L'AMOUR

Une journée « sans » enfants, disputes, culotte

Un cadeau : une brassée de roses rouges, des sous-vêtements coquins, un aspirateur à migraines

Un baiser hollywoodien sur le pas de la porte, volé dans le noir du cinéma, sur les bancs publics

LES SUJETS QUI FÂCHENT

Dans ce partage du territoire, du temps, du pouvoir, des responsabilités et de l'intime, les sujets de friction sont nombreux... Repérez vos zones « à risques » : COLORIEZ EN ROUGE LES SUJETS SENSIBLES ET EN VERT VOS POINTS D'ACCORD :

Loisirs

Ta famille

Enfants

Tâches ménagères

Travail

Sexualité

Valeurs

Achats

Amis

Argent

Apparence physique

Gestion du temps

Vacances

Politique

Religion

Alimentation

Rangement

Engagement

Hygiène

Autre :

Notez votre reproche le plus fréquent :

elle __________

lui __________

LES TÂCHES MÉNAGÈRES

Pour installer plus de parité et réduire les tensions :
Proposez une répartition des rôles selon vos talents et vos préférences. Il aime cuisiner mais déteste la plonge ? Échangez vaisselle contre petits plats !
Pour les corvées qui n'ont pas trouvé preneur, affichez un tableau tournant et respectez vos engagements : « Cette semaine, je passe l'aspirateur, la semaine prochaine c'est toi... »
Notez chaque tâche sur un petit papier. Mettez-les dans un chapeau. Tirez au sort et travaillez dans la bonne humeur !

VOTRE ASTUCE « MÉNAGÈRE » :

____

____

Une étude américaine montre que plus un homme aide sa femme à la maison, plus leur vie sexuelle est intense. Comme si le bonheur sous la couette passait par sortir les poubelles et faire la vaisselle. À bon entendeur...

« Je suis pour le partage des tâches ménagères. À la maison, par exemple, c'est moi qui passe l'aspirateur... à ma femme. » Philippe Geluck

DISPUTES, MODE D'EMPLOI !

La vie à deux implique des frustrations, des désaccords et des disputes. Au lieu de les diaboliser, rendez-les productives !

RECONNAISSEZ LEUR UTILITÉ : crever l'abcès, jouer un rôle de soupape en libérant colère et insatisfaction, s'affirmer dans ses différences, poser des limites, pimenter le quotidien...

INTÉGREZ-LES DANS UNE DYNAMIQUE DE DIALOGUE, avec la recherche d'une solution et le désir d'une réconciliation. Renoncez à la violence et au désir d'humilier l'autre. Pour cela, pensez à critiquer le comportement, pas la personne ! Utilisez le message « Je » et oubliez le « tu » accusateur.

Négociez votre code de la route relationnel.

VOICI QUELQUES EXEMPLES…

À vous de continuer en précisant vos limites, vos besoins et les comportements que vous estimez inacceptables.

« Stop ! Je suis en colère, mes mots dépassent mes pensées. Reparlons de notre différend quand nous aurons retrouvé notre calme… »

« Je suis fatigué(e), j'ai besoin de faire la sieste. Réveille-moi dans une heure et on ira se promener. »

« Je suis en colère quand tu critiques ma mère ou mes opinions politiques. Je te demande de les respecter. »

« Dans un élan de nostalgie, une femme demande à son mari :
– *Pourquoi ne me dis-tu plus de mots doux comme avant ?
Pourquoi ne m'apportes-tu plus de fleurs comme avant ?*
L'homme répond sobrement :
– *Je n'ai pas envie de me disputer avec toi !*
Et la femme de continuer à gémir :
– *Pourquoi est-ce que tu ne te disputes plus avec moi comme avant ?* »

« Le but de la dispute ne doit pas être la victoire mais l'amélioration. » Joseph Joubert

SORTIR DU LABYRINTHE DES AGACEMENTS

Vous pouvez choisir différentes options face aux contrariétés quotidiennes :

NE RIEN DIRE

Vous avez du mal à dire ce que vous pensez et ressentez. Vous préférez éviter l'affrontement, vous choisissez de vous taire et de vivre passivement la situation. Attention, le non-dit est un lent poison qui pourrit la relation ! Il entretient l'insatisfaction, le ressentiment qui risque un jour d'exploser...

DIRE AVEC AGRESSIVITÉ

Vous aimez avoir raison et cherchez à dominer l'autre. Vous attaquez et allez souvent jusqu'au conflit. Attention, vous vous exposez au rejet, au mépris, voire à la rupture si vous allez trop loin !

« Il n'y a pas deux personnes qui ne s'entendent pas,

PARTAGER DE FAÇON BIENVEILLANTE ET CONSTRUCTIVE

Utilisez ce canevas pour exprimer ce que vous avez sur le cœur :

FAITS : « Ce soir, devant nos amis, tu m'as reproché… »

RESSENTIS : « Je me sens en colère… Je suis blessé(e)… »

BESOINS : « […] car j'ai besoin d'être respecté(e)… »

DEMANDE : « Lors d'un prochain dîner, je te demande de me dire en privé ce qui ne va pas. »

Entraînez-vous en repensant à une situation insatisfaisante :

Rappelez objectivement les faits :

____

Partagez votre ressenti :

____

Exprimez vos besoins :

____

Formulez une demande claire et précise :

____

il y a seulement deux personnes qui n'ont pas encore assez discuté. » Proverbe sénégalais

ON FAIT LA PAIX ?

Pardonner, c'est s'offrir l'espace et le temps pour laisser les blessures cicatriser et permettre au couple de se réinventer autrement.
Mais pas si facile de s'excuser et de pardonner !

ET SI VOUS VOUS FORGIEZ DES RITUELS DE RÉCONCILIATION ?

Donnez-vous rendez-vous dans un lieu serein (un jardin, une église, un musée...) et offrez-vous un CADEAU SYMBOLIQUE :
par exemple, une rose jaune (la fleur du pardon) ou une gomme pour effacer les bavures.
Utilisez l'humour pour vous aider à passer l'éponge !

« Voulez-vous être heureux un instant ? Vengez-vous.

Pardonner
est une décision,
une volonté de poursuivre
le chemin ensemble.

Jouez aux cadavres exquis :
Après un événement blessant, l'un de vous note sur une feuille quelques mots en lien avec cette situation.
Repliez le papier de façon à ce que votre partenaire ne puisse rien lire.
À son tour, il écrit sa version et replie le papier. Continuez les allers et retours jusqu'à ce que vous ayez exprimé votre ressenti et formulé votre demande de pardon.
Dépliez la feuille et découvrez le texte souvent burlesque ou drôle, toujours émouvant. Et fêtez votre réconciliation autour d'un bon repas... ou sur l'oreiller !

Pour prévenir les malentendus, terminez ensemble votre journée avec un tendre rituel d'endormissement :
Visualisez-vous sous une douche d'amour qui nettoie les tensions relationnelles de votre journée. Puis dites à tour de rôle ces phrases :
Désolé(e) pour...
Pardon de...
Merci pour...
Je t'aime... Je m'aime aussi... J'aime notre vie...

Voulez-vous l'être toujours ? Pardonnez. » Henri Lacordaire

PRIVILÉGIEZ LA CARTE DE L'HUMOUR

Que de bienfaits dans le rire et l'humour ! Dédramatiser, positiver, prendre du recul, faire passer avec légèreté vos idées, séduire votre partenaire…

C'est aussi la carte à jouer pour :
VOUS FAIRE DU BIEN : rire et bonne humeur diminuent le stress, activent le système immunitaire et stimulent la production d'endorphines, les hormones du bonheur.
FIDÉLISER VOTRE CONJOINT : en partageant ce moment ludique, vous fabriquez des ocytocines, les hormones du lien et de l'attachement.

RENOUER LE DIALOGUE : amusez-vous à rédiger une petite annonce humoristique.

STOPPER L'ESCALADE CONFLICTUELLE : vous sortez du reproche, du « tu qui tue » et retrouvez l'énergie de votre enfant intérieur. Lors d'un prochain désaccord, piochez dans la liste des 220 jurons du capitaine Haddock[1], choisissez des mots bizarres dans le dictionnaire ou inventez deux ou trois expressions pour vous redonner le sourire !

Je cherche
un électricien pour rétablir
le courant entre deux personnes
qui ne se parlent plus,
un opticien pour changer leur regard,
un artiste pour dessiner un sourire
sur leur visage,
un maçon pour bâtir la paix
et un professeur de maths
pour leur réapprendre
à compter l'un sur l'autre.

[1] « Ectoplasme à roulettes... Amiral de bateau-lavoir... Espèce de mitrailleur à bavette... Crème d'emplâtre à la graisse de hérisson... Faux jeton à la sauce tartare... Sapajou... » Hergé

PERMIS DE CONSTRUIRE

S'aimer, c'est aussi savoir partager ses rêves, se projeter dans le futur et tisser un imaginaire commun.

FAITES CE PARTAGE À DEUX VOIX !

Mes projets	elle	lui
Acheter une maison ou un appartement.		
Aller vivre en province ou à l'étranger.		
Créer une entreprise.		
Prendre une année sabbatique pour :		
• faire le tour du monde ;		
• vivre dans un ashram en Inde ;		
• écrire un livre ;		
• ou...		
Suivre un stage de communication.		
Faire un enfant ou en adopter un.		
Changer le mobilier.		
M'offrir un programme relooking.		
Démarrer une thérapie.		
Accueillir un chien, un chat ou parrainer un ours polaire.		
Chanter dans une chorale.		
Apprendre une langue étrangère.		
Ouvrir une chambre d'hôtes.		
Suivre des cours de danse de salon.		
Faire du bénévolat.		

L'AVENIR

	elle	lui
M'inscrire à un stage de yoga tantrique.	☐	☐
Acheter un camping-car.	☐	☐
Cultiver un jardin potager.	☐	☐
Agrandir la maison.	☐	☐
Refaire mon nez, mes seins...	☐	☐
Faire le pèlerinage de Saint-Jacques-de-Compostelle.	☐	☐
Dessiner, peindre.	☐	☐
Apprendre à jouer du piano, de la guitare...	☐	☐

Mon plus grand rêve, c'est :

Quels projets aimeriez-vous réaliser à deux ?

Imaginez votre vie dans 5 ans, 10 ans, 20 ans. Comment la voyez-vous ?

Rêvez votre vie, vivez vos rêves !

« Si je déçois tes rêves, c'est que je n'ai pas su entrer dans ta réalité. » Jacques Salome

DES VALEURS

Savoir faire vivre des valeurs identiques permet de tisser sens et cohérence. C'est la boussole qui permet de garder le cap et d'atteindre les objectifs.

Ces valeurs évoluent et se forgent dans le parcours de vie. Sur quelles valeurs votre couple s'est-il choisi ? Quelles sont celles qui ont été négociées et considérées comme primordiales ?

Par exemple : liberté, fidélité, solidarité, générosité, sécurité, respect, curiosité, confiance, ouverture...

elle

lui

Elles représentent les armoiries du couple, son blason. Une façon d'affirmer son identité spécifique par rapport aux autres couples. **Lors de votre rencontre, quelles étaient vos valeurs personnelles et communes ?**

elle

lui

Quelles sont vos valeurs actuelles, individuelles et partagées ?

elle

lui

EN PARTAGE

DESSINEZ VOTRE BLASON

ET CHOISISSEZ ENSEMBLE UNE DEVISE QUI EXPRIME VOS IDÉAUX COMMUNS :

« Celui qui, par quelque alchimie, sait extraire de son cœur, pour les refondre ensemble, compassion, respect, besoin, patience, regret, surprise et pardon crée cet atome qu'on appelle l'amour. » **Khalil Gibran**

L'ÎLE... ...AUX SENTIMENTS

PARTAGEZ CŒUR À CŒUR CE QUE VOUS INSPIRE CETTE PETITE HISTOIRE...

Il était une fois une île où tous les sentiments vivaient ensemble.
Un jour, on leur annonça que l'île allait être submergée.
Ils préparèrent tous leur bateau et partirent.
Seul l'Amour choisit de rester jusqu'au dernier moment.
Quand l'île fut sur le point de sombrer, il appela à l'aide.

« - Richesse, peux-tu m'emmener ?
- C'est impossible, mon navire est chargé d'argent et d'or.
Il n'y a pas de place pour toi.

- Orgueil, aide-moi, je t'en prie !
- Je ne peux pas. Tu es tout mouillé et tu pourrais endommager mon bateau.

- Tristesse, laisse-moi venir avec toi !
- Oh Amour, je suis tellement triste, j'ai besoin d'être seule. »

Le Bonheur passa à côté de l'Amour, mais il était si heureux qu'il ne l'entendit même pas.
Soudain, une voix dit : « *Viens Amour, je te prends avec moi.* »
C'était un vieillard qui avait parlé. L'Amour se sentit si reconnaissant et plein de joie qu'il en oublia de lui demander son nom.
Lorsqu'ils arrivèrent sur la terre ferme, l'ancien s'en alla...
L'Amour réalisa combien il lui devait et demanda au Savoir :

« - Qui m'a aidé ?
- C'était le Temps.
- Le Temps ? Mais pourquoi m'a-t-il aidé ? »
Le Savoir sourit plein de sagesse et répondit :

«- C'est parce que seul le Temps est capable de comprendre combien l'Amour est important dans la vie... »

LA POTION MAGIQUE

Dans cette liste de mots, choisissez chacun six ou sept ingrédients qui vous semblent nécessaires pour réussir votre vie de couple au long cours :

Amour Communication Respect Écoute Rêves
Séduction Mystère Patience Baisers Surprise
Fusion Désir Partage Liberté Confiance Enfants
Sexe Humour Maison Créativité Argent Amis
Tolérance Recevoir Plaisir Tendresse Passion
Fidélité Générosité Sécurité Santé Gratitude
Ressemblances Câlins Concessions Mariage
Jalousie Pardon Indépendance Fantaisie Rituels
Estime Vacances Engagement Dialogue Famille
Projets Égalité Sincérité Négociation Rire
Bienveillance Attentions Flexibilité Sensualité
Caresses Émotions Loisirs Donner Différences
Fantasmes Vie sociale Complicité Travail Soutien
Disponibilité Intimité Réciprocité...

DU BONHEUR

Déposez cette sélection dans votre marmite. Puis comparez vos deux recettes, peut-être pour en composer une troisième... Bonne dégustation !

« L'amour, c'est le meilleur des menus ! » Carlo Goldoni

CULTIVEZ LA GRATITUDE

Pour transformer une journée banale en moment merveilleux,
EXPRIMEZ VOTRE GRATITUDE à votre compagnon de route !
Cette « clé du bonheur » permet de voir le bon côté des choses, de ressentir et d'exprimer sa reconnaissance, d'inventorier les privilèges de cette existence partagée, mais aussi de percevoir la saveur, la complétude et l'intensité du présent.
C'est l'antidote idéal contre la course folle du « toujours plus » et contre les émotions désagréables comme l'angoisse, l'envie, l'irritation ou l'amertume.

Installez-vous devant votre feuille ou votre ordinateur.
REVIVEZ CES MOMENTS jugés trop vite « ordinaires » et qui vont devenir précieux.
LAISSEZ PARLER VOTRE CŒUR et venir les mots, la tendresse, les larmes... Faites la part belle à l'humour et à la fantaisie pour dire « **MERCI !** ».
Puis faites la **SURPRISE** de **LIRE À HAUTE VOIX** cette lettre à votre amour en choisissant un moment privilégié : tête-à-tête amoureux, vacances, anniversaire...

Ma lettre de gratitude

Mon Amour,

« *La gratitude peut transformer votre routine en jours de fête.* » **William Arthur Ward**

LE TRÉSOR DE L'AMOUR

**VOUS ARRIVEZ À LA DERNIÈRE ESCALE DE CE VOYAGE.
VOUS AVEZ CHEMINÉ ENSEMBLE ET RÉCOLTÉ VOS CLÉS.
IL EST TEMPS DE DÉCOUVRIR VOTRE TRÉSOR !**

Le secret du bonheur

- Si tu t'aimes et si tu l'aimes de façon inconditionnelle...
- Si tu communiques tes besoins, désirs et rêves...
- Si tu accueilles ceux de l'autre avec bienveillance...
- Si tu arrêtes d'attendre qu'il comble tes manques...
- Si tu vas vers tes forces et tes ressources intérieures...
- Si tu acceptes la difficulté d'aimer et construis cette relation jour après jour dans l'ouverture du cœur...
- Si tu ____________________

alors tu as trouvé le trésor de l'amour :
La joie d'une intimité partagée !

Former un couple, c'est créer un espace d'intimité,
un territoire mouvant et fragile dans le dédale du temps et de l'espace...
Une « terra incognita » sans cesse à redécouvrir et à réinventer
au fil des lentes métamorphoses.

VOUS SENTEZ-VOUS PRÊTS À CONTINUER L'AVENTURE ?
FÉLICITATIONS ! ET TOUS NOS VŒUX DE BONHEUR...

elle **NOTRE CONTRAT DE BELLE VIE** lui

NOUS, SOUSSIGNÉS M ET MME

SE CHOISISSENT À NOUVEAU ET S'ENGAGENT À

FAIT À LE / /

SIGNATURES :

« La vraie maison de l'amour est toujours une cachette. »

Romain Gary

Love'othèque

« Par ordre de mérite alphabétique. » Jules Renard

Élisabeth Couzon et Françoise Dorn,
Petit manuel du bonheur au féminin,
InterÉditions, 2006.

Élisabeth Couzon et Françoise Dorn,
Être heureux - Le cahier d'exercices,
ESF éditeur, 2016.

Élisabeth Couzon et Françoise Dorn,
Apaiser les conflits - Le cahier d'exercices,
ESF éditeur, 2014.

Patricia Delahaie,
Comment s'aimer toujours. Les sept piliers du bonheur à 2,
Leduc Éditions, 2011.

Jean-Claude Kaufmann,
Agacements. Les petites guerres du couple,
Le Livre de Poche, 2008.

Sonja Lyubomirsky,
Comment être heureux... et le rester,
Marabout, 2013.

Sylvain Mimoun, Rica Étienne,
Sexe et sentiments,
Albin Michel, 2009.

Robert Neuburger,
« On arrête ?... on continue ? »,
Payot, 2013.

Christiane Singer,
Éloge du mariage, de l'engagement et autres folies,
Le Livre de Poche, 2007.

www.francoise-dorn.com

Achevé d'imprimer en janvier 2016 par Dimograf, Bielsko-Biala, Pologne

MIXTE
Papier issu de sources responsables
FSC www.fsc.org FSC® C018236